ジュニアが絶対上達する
プロのテクニック

サ
レベルアップ

監修 石関 聖

日本文芸社

PROLOGUE

抜けるドリブルと抜けないドリブルその違いは何だろう？

ドリブルには、抜けるドリブルと抜けないドリブルがあります。この本では「絶対に抜けるドリブル」を紹介していますが、習得するためにはある「コツ」を知っておく必要があります。それは、動作心理（行動心理）と呼ばれるものです。「動作心理」とは「自分の動作で相手がどう動くのか」つまり、自分の行動（しぐさや目線、身体操作）を見た相手がどんな反応を示すのかということです。サッカーは相手がいるスポーツであり、自分の起こしたアクションを受けた相手がどう思うか、その心を読み取ることが大切です。ドリブルを仕掛けるとき、相手のことを考えずに得意な足ワザを披露するだけでは意味のないドリブルになり、相手を抜くことはできません。自分のドリブルによって相手をコントロールすること。これこそが重要なポイントになるのです。

それらを身につけるには経験値が必要です。ただし、短期間で成長できる裏ワザがあります。その裏ワザこそが本書で紹介しているドリブルスキルです。動作心理をパッケージしたものであり、スキルのポイントを実践できれば、相手のリアクションがはっきり分かります。本を参考にしながら1対1でのスキルを練習し、それを実戦で試し自分のものにしてみてください。

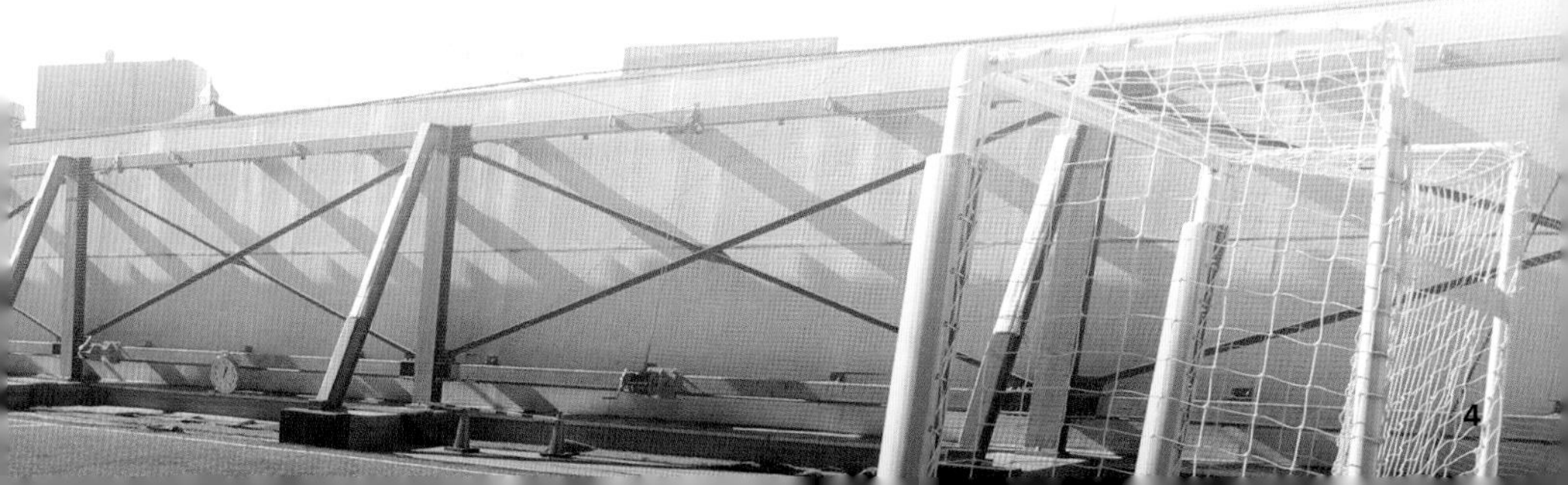

3 試合で使えるドリブルテクニック

4 ボールを使わずに上達！ ISHIZEKI理論

COLUMN もっと上手くなる！

本書の特徴

本書は、４つのパートに分かれています。PART1は動きをマネするだけで絶対に抜けるドリブルスキル。PART2はドリブル力を上げるための身体操作やボールタッチを紹介する基礎技術。PART3は、実際の試合や１対１の局面でおすすめしたいスキル。PART4は石関聖が考案した「棒バネ理論」や「コンパス理論」などの身体操作の方法を解説しています。PART1のドリブルスキルから実践するのも良いですが、スキルのカギとなるPART2やPART4の身体操作のコツを知ることで、より理解が深まると思います。

YouTube動画との連動

本書の内容は、YouTube動画「石関聖のサッカーに生きるフットサル思考」と連動しています。該当ページにあるQRコードをスマホやタブレットのカメラやバーコードリーダー機能で読み取り、動画を再生してください。

1 カメラを起動

スマホやタブレットのカメラやバーコードリーダーを起動します

2 QRを読み取るモード

「読み取りカメラ」など、QRコードを読み取れるモードにします。機種によっては、自動で読み取ることもできます

3 画面にQRコードを表示

画面にQRコードを表示させ、画面内におさめます。機種によっては時間のかかるものもあります

4 表示されるURLをタップ

表示されたURLをタップすると、You Tubeに移動します

⚠ 動画を観るときの注意点

①動画を観るときは別途通信料がかかります。できるだけ、Wi-Fi環境下で視聴することをおすすめします
②機種ごとの操作方法や設定に関してのご質問には対応しかねます。各メーカーなどにお問い合わせください

1

絶対抜ける!
鉄板テクニック10選

この章で紹介しているドリブルが絶対に抜けるのは、動作心理（行動心理）がパッケージされているスキルだからです。相手との駆け引きをするための目線や体の向きなどフェイントが散りばめられていますので、ポイントを見逃さずに実践すれば相手を確実にかわせます。

SKILL 01

一瞬で相手を剥がせるプルプッシュ

相手をだますにはボールではなく軸足を動かす

足裏のつま先寄りでボールをタッチしながら相手を牽制する

軸足（棒）で反発させてボールを一緒に前に出る。ボールを先に出すイメージ

軸足が着地する直前にボールを離す

1対1で一瞬で相手を剥がすことのできるスキルがプルプッシュです。ボールを引く動作をフェイントにしますが、相手をどう騙していくかがカギになります。ポイントは、ボールを持つ足ではなく軸足です。軸足のステップをいかに幅広く見せ、タイミングをズラせるかを考えましょう。足裏タッチですべてを完結しますが、ボールのリリースは軸足が着地する直前になるのがベストです。

動画をチェック！

目線で相手を誘う

相手が奪いにくるが、一瞬だけ足が宙に浮いている。このタイミングで軸足を動かす

0.5歩程度相手とのタイミングがズレる。タイミングがズレれば一瞬でかわすことができる

ココに注目

軸足をできるだけ遠くにつく

ボールを踏んだらなるべく遠くに軸足をつくように。幅広いステップをすることが、フェイントを効果的にするコツだ

SKILL 02

タイミングをズラすセルフトンパ

サイドでの仕掛けに有効な1対1の突破スキル。ポイントは軸足ジャンプだ

ボールを中に運びながら軸足（左足）でジャンプする

相手よりも半歩分、素早く切り返せるので、タイミングをズラすことに成功

軸足ジャンプでタイミングをズラす

ディフェンスを左右に振ってから突破する場面では、相手のタイミングをズラせるかどうかで成功するかが決まります。

このシーンでおすすめしたいのがセルフトンパです。切り返すときに通常のステップを踏むのではなく、ボールを触る足と軸足を同じにして、相手のタイミングを狂わせるのです。セルフトンパは、重心移動も小さくなるため体勢を崩さずにステップできるメリットもあります。

動画をチェック!

2

3
着地と同時にジャンプした左足でボールを触り切り返す

5
体の重心移動も小さく済むので、突破方向にスムーズに動ける

6

ココに注目

タッチする足でジャンプする

切り返すためのボールタッチの直前のステップを同じ足にすること。この動作ができればセルフトンパになる

SKILL 03

相手の重心を狂わすラボバ

ちょっとしたボール操作とステップで相手を腰砕けにできる省エネスキル

左方向に突破することを考えながらボールを持って抜くためのタイミングをはかる

タッチする足をボールより遠くに置く

ボールタッチの緩急を使い相手を置き去りにするフェイントがラボバです。足の裏でボールを「チョンチョン」と触り、相手の足を止めてから抜いていきます。ポイントは、ボールを触ったほうの足をより遠くに置いてから突破動作に入ること。フェイントを大きく見せ、相手の重心を動かすためにもスタートの足は遠くにします。足を近くに置くと小さな動きにしかならないので注意しましょう。

動画をチェック！

股関節を閉じるようにしながら足裏でボールタッチ

股関節を閉じた状態から開いていくイメージ。ボールを引くように見せて突破方向にチェンジする

軸足を遠くに踏んで、そこから一気にスピードアップ。相手の重心がズレた瞬間を狙う

ココに注目

ボールを引くとき体の中心を越えない

ボールを扱うのは、体の真ん中より突破方向側で。左に抜くなら左半身でボールを持ち、体の中心を越えないようにする

SKILL 04

幅を使って抜くロールドリブル

≫ディフェンスが出してきた足をさらっとかわせる。一瞬ですれ違えるテクニック

足裏でボールをタッチする前の軸足を、ボールから遠くの位置に置きにいく

ボールを大きく動かせれば相手の足は届かない。ステップを大きく踏むことが大切

スピードに乗ることで大きく動ける

ドリブルにスピードがついている場面でも、ミスせずにディフェンスをかわすことができるスキルがロールドリブルです。相手に向かって行くときなど、一瞬ですれ違うように抜くことが可能でとても実用的です。

ロールドリブルは、ステップを大きく踏んで幅を出すことで絶大な効果を生みます。相手が足を出してきても触られることなく一気に抜き去ることができます。

動画をチェック!

足裏でボールを横に大きく転がすように運ぶ。幅を意識しながら動かしていく

相手の足をかわせば後は抜き去るのみ。スピードに乗れば大きく動けて一気にかわせる

ココに注目

ステップを大きくして幅を広げる

ボールの手前で一歩大きく踏み出すことで幅のあるロールができる。ステップを大きくすることに注目しよう

SKILL 05

相手の様子を見るジャブステップ

相手の反応やリアクションを見ることができる超実戦向け1対1スキル

動画をチェック！

1対1の場面。相手が奪いに来るのか、それとも様子を見ているのか、反応を見たい状況

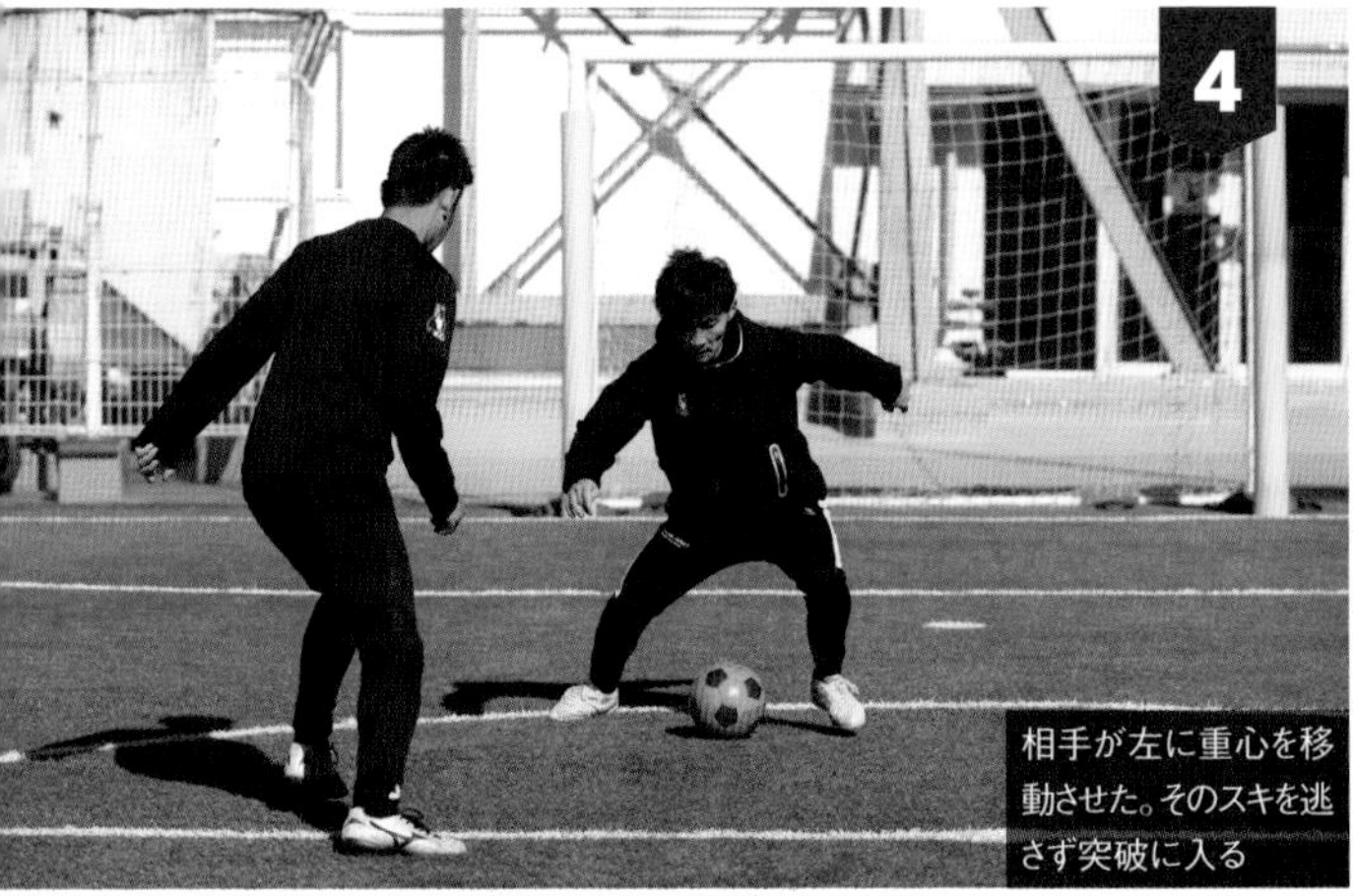

相手が左に重心を移動させた。そのスキを逃さず突破に入る

ボールを触らずに駆け引きをする

相手と対峙したときに、相手がどんな反応を示すのか様子を見たい。そんな場面ではジャブステップがおすすめです。ジャブステップとは、行くような素振りをステップワークで見せるテクニック。足を横に踏み出してフェイントのように見せます。相手がリアクションしたら逆にかわせますし、反応しなくてもタイミングをズラせます。ドリブル時に余裕を生むことができるのがメリットです。

ボールを右に運ぶような仕草で足を一歩横に踏み出す。この後の相手のリアクションを見る

相手のリアクションによって、次のプレーを決められる。自ら仕掛けられるテクニックだ

ココに注目

ヒザを曲げながらステップをする

ヒザを曲げながら体重移動し、大きく一歩を踏み出す。ヒザを曲げておけば次のプレーに素早く移ることができるぞ

SKILL 06

追い込まれた状況で足裏股抜き

ピンチをチャンスに変えられる実際の試合でも効果抜群の抜きワザスキル

1
相手がプレッシャーをかけてきた。相手から見れば体勢が悪いように見えているので、圧をかければ奪えると思っている

4
ボールを少しズラして相手が足を出してきたところで、運ぶコースを股に変える
ココがPOINT!

ボールを引くフリをして股を狙う

相手からのプレッシャーを受けて前に抜くための体勢が作りづらい場面で、相手の考えにないような選択をして突破する。これが足裏股抜きです。

相手にこちらの体勢が悪い状態だと見せて「ボールを奪える」と思わせます。ボールを引くフリを見せてから、相手が足を出してきた瞬間に足裏で相手の股を狙います。相手が食いついてきたタイミングを逃さないことがポイントです。

動画をチェック！

できるだけ足裏で遠くにボールを置いて目線を上げていく。上体も抜く方向とは逆に向けておく

足を出してきた相手の股を通すのは簡単。自分の内側にボールを通すイメージだ

ココに注目

ボールをズラしてから股抜き

ボールの斜め上に足を置き、ボールを奥に押し出せる余力を持っておく。その後、ボールをズラしてから股を抜く

SKILL 07

シンプルに突破するストップ&ゴー

「ボールを止めて運び出す」だけなので誰でも簡単にできるスキル

1
相手の動きを一瞬止めるために、ボールを持つ足でストップしにいく

4
ボールを止める動きが大きければ大きいほど相手の足は止まる。ボールを後ろに動かそうとせず止めることでミスが減る
ココがPOINT!

ボールを止める動きで相手の動きを止める

ストップ&ゴーは、シンプルだけどとても有効なドリブルスキルです。ボールを止めて運び出すだけなので、テクニックに自信がない人にも簡単に実践できます。ポイントは、ボールを止めてから速くボールを運び出すこと。そして、大きなモーションで行うことです。ボールを止めるタッチで相手の動きを止めて、相手が止まった瞬間にボールを出してタイミングをズラせば必ず突破は成功します。

動画をチェック!

足裏でボールを止める。相手は両足が揃って動きが止まる

逆足のインサイドに当てて、そのまま突破する。相手は対応できない

ココに注目

運び出す動きを大きく素早く

ストップ&ゴーの幅を大きくスピーディーに行うことがポイント。ボールを運び出すまでの幅（距離）を広くしよう

SKILL 08

横に揺さぶるファルカンフェイント

フットサルブラジル代表の有名人。ファルカン選手の得意ワザ

1

右足の裏でボールを引いていく。ボールを引いた瞬間に軸足をジャンプさせる

4

またいだ軸足でボールをキャッチ。1と肩の向きが違うのがわかる

体の角度を使うと大きなフェイントに

ファルカンフェイントはディフェンスを横に揺さぶってかわすスキルです。足が遅い人でも難なく突破できるスグレモノ。体の角度を大きく使うことで、より効果的なフェイントになります。ボールを足裏で転がして逆足でまたいで止めるのが動作の流れですが、まずは足の動きを練習しましょう。慣れてきたら上体（肩）の動きを加え、よりリアルさを出していくと良いでしょう。

動画をチェック！

ジャンプした軸足でボールをまたぐ。同時に体の向きを左に変えていく

足を踏み変えて自分が進みたい方向とは逆にステップを踏む。この一歩が突破につながる

ココに注目

円を描かない直接的に動かす

ボールをまたぐ足は円を描かないように。直線的に動かすことでボールをキャッチするのが優しくなる

SKILL 09

Vの字に動かすビハインドストップ

巧みなボールタッチと身体操作の合わせワザで相手を揺さぶる

1
右足の裏でボールを引いていく。ボールを引いた瞬間に軸足をジャンプさせる

4
肩（上体）を左に向けながらボールをキャッチ。相手の重心は崩れかかっている
ココがPOINT!

相手の目の前で横に揺さぶる

軸足の後ろにボールを通していくテクニックでビハインドスキルがあります。このビハインドスキルを使った突破ワザです。Vの字を描くようにボールを動かしていき、そのボールの動きに釣られた目の前の相手を揺さぶりかわしていきます。ポイントは、自分の体の向きを大きく変えながらボールタッチしていくこと。肩の向きを入れ替えていくことで、相手を横に大きく揺さぶることができます。

動画をチェック！

2
Vの字を描くようにボールを大きく動かし相手を横に揺さぶる

3

5
ボールをキャッチした足で、突破したい方向とは逆に踏み込む。肩の向きも一気に変えて突破していく

6

ココに注目

肩の向きを大きく変える

ボールを動かすだけでは相手を揺さぶることはできない。肩の向きを右から左へ大きく入れ替えていくことが大切

SOCCER JUNKY

SKILL 10

緩急で抜くローギアドリブル

ボールタッチを増やさずにステップを増やすことで良い状態でプレーできるスキル

スピードに乗ったドリブルで進んでいく。前にはディフェンスが待ち構えている

ボールを触らないので体勢を崩すことなく視野も確保できている。ボールを見なくても時間が経つと自分の視野にボールが戻ってくる

ボールを止めずに自分だけ減速する

ボールをたくさんタッチすることで相手が混乱しドリブル突破がしやすくなると思っていませんか？　じつはタッチを増やすと問題も生まれます。ボールタッチが増えると体勢が崩れやすくなります。そうなると視野や意識が散漫になり、プレーの判断が鈍くなりがちです。それを防ぐためにおすすめなのが、ステップを増やしてドリブルに緩急を加えること。これがローギアドリブルなのです。

動画をチェック！

ココがPOINT!

トップスピードの状態からスピードダウン。このときボールをタッチせずにステップで緩急をつける

相手がスピードを緩めたスキに、一気に加速してスピードアップ。ボールを押し出し突破する

ココに注目

ステップを使い速度を落とす

ボールを触らずステップを踏むだけでフェイントになる。スピードアップ、ダウンはステップを使うほうが効果があるぞ

COLUMN
もっと
上手くなる！

上手い選手と下手な選手の違いとは？

上手いなと感じる選手と下手な選手の違いはイメージを持っているかどうかです。よくプレーの質問を受けます。「この状況ではどうしたら良いですか？」と、たくさんの方に聞かれます。しかし、上手い選手がこの質問をするときは「この状況で２つの選択肢があったのですが、どっちが有効だと思いますか？」と具体的に聞いてきます。つまり、その状況下での選択肢（イメージ）が複数あるのです。この選択肢（イメージ）を持った状態でプレーできているかどうかは、上手い下手を分ける大きな違いになります。このイメージを膨らませることを大事にしてください。イメージを膨らませるためにおすすめなのが、自分のプレーを客観的に見ることです。プレーの映像を撮り、見ながらイメージを膨らませるのです。そして、見た感覚を思い浮かべながら実践します。身体操作に加え、イメージを膨らませることは、上達するためには不可欠です。

2

ドリブル力を上げる
基礎技術

ドリブルをレベルアップしていくには、ボールタッチの向上が必要不可欠です。ボールタッチはたくさんボールを触って慣らすことが大事だと思われがちですが、重要なのは身体操作です。自分の体を自在に動かせること。そこにボールを合わせていくことが上達の秘訣となります。

SKILL 01

前後左右に動かせる足裏タッチの本質

足裏タッチが使えるととても便利。相手のプレッシャーも怖くなくなるぞ

ボールの運び先が読まれにくい

フットサル特有だと思われがちな足裏タッチですが、使えるようになるとプレーの幅が広がります。現代サッカーでは必須のスキルだと思ってください。

1対1の場面で相手からのプレッシャーを回避するときに足裏タッチは大きな効果を生みます。前後左右にボールを運ぶことができますし、相手に読まれにくい。相手が来てもすぐさま反応ができるので、ボールを奪われるリスクが減ります。

前後左右、360度ボールを動かせるので相手はプレーの限定ができない！

ココに注目

方向転換がしやすくなる

相手にプレーを読まれたとしても足裏タッチなら方向転換がしやすく、奪われる危険を避けることができるのも特徴だ

動画をチェック！

SOCCER JUNKY

その場で足裏タッチ

足裏タッチになれるために、まずはその場で左右交互にボールをタッチする。足裏の指先側の部位でしっかりボールをとらえよう。慣れてきたら顔を上げて視野を確保する

体のバランスが崩れないように

注意点はバランスだ。上半身の軸がブレてしまうとボールタッチのミスも増える。体軸を意識して行おう（軸の作り方はPART4を参照）

足裏バックステップ

次は後ろに下がりながらの足裏タッチ。ボールを自分の方へ引き寄せて逆足で止めるイメージ。慣れてきたら顔を上げて視野を確保しながら行おう

足裏タッチで前進

その場でのタッチが慣れてきたら前進する。ボールを押し出すように転がし逆足で押さえる。転がっているボールを足でつかみにいくのではなく、体ごと移動するのがポイント

足裏タッチレベルアップドリル

足裏ジグザグバックステップ

横に動かしたボールを押し出した足でキャッチする。体を左右に動かしていくが、軸足となる逆足でしっかりバランスをとるのがポイントだ

足裏バックインタッチ

ボールを横に動かしてキャッチするドリル。足の指でボールをかくように送り逆足でキャッチ。体の軸を意識しながらリズミカルにボールを動かしてみよう

足裏キャッチ

ボールを左右に大きく動かしながら足裏キャッチする。足裏でもつま先寄りでボールを扱うことがポイント。ボールを引いた後、その足はすぐに地面をつくようにする

ヒザを曲げて引き寄せないように

ボールを動かすとき、ヒザを曲げて引き寄せようとしてはいけない。体勢が崩れてしまうし、次の足裏キャッチがぎこちなくなる

SKILL 02

アップで使えるシザースアジリティ

フトコロからボールを出さないでステップする

ボールを触らずに その場でステップを踏む

下半身の動きに
上半身がつられないように!

開く
クロス

動画をチェック!

ボールを中心とした形でシザースする

細かいステップを身につけるためには、ボールを触らずにステップを踏むシザースアジリティがおすすめです。アジリティトレーニングの1つですが、自主練やウォーミングアップで取り入れると良いでしょう。まずは、その場でボールに触れずにまたいだり色々なステップを踏みます。慣れてきたらボールを動かしていきます。足の動きにつられて上半身がブレてしまわないように注意しましょう。

STEP UP

横移動しながらシザースアジリティ

横に動きながら行う。「またぐ、クロス、開く、クロス」の流れを、腰をひねりながらステップを踏む

足裏ステップレベルアップドリル

ファルカンフェイント

ステップをレベルアップさせるためのドリル。ボールを転がしてまたいでキャッチする。ポイントは、ボールを転がした瞬間にジャンプをすること。ボールを引くのと同時くらいがちょうどいい

トライアングル

トライアングルは、片足で軸足のまわりを三角形を描くようにボールを通していくステップドリル。ポイントは、軸足をしっかり移動させること。軸足が動かないと動きが大きくなり、体のバランスを保つのが難しくなるので注意しよう

SKILL 03

重心をコントロールするヒザドリブル

低い重心で動けるように
ボールをヒザでタッチ

ドリブルの幅やキレを出したい選手はぜひトライしよう

動画をチェック！

ヒザが着くくらいの重心でプレーする

重心作りのためのトレーニングとして、ヒザドリブルを紹介します。ヒザドリブルは、ボールをヒザでタッチしながら前に進んでいく練習法です。なぜこの練習をするのかというと、低い重心でのドリブルを習得するためです。重心を低くできれば自分のフトコロを広げられ、ボールを扱える範囲が広くなるからです。ヒザドリブルをしながら実際のドリブルの感覚に落とし込むようにしましょう。

低い重心と高い重心を使い分けてドリブルできるようになろう！

NG

両足の幅をせまくすると上半身がブレてしまう

重心を低くするためには、両足の幅を広くとることが大事。写真のように両足を広げずに行うと、上半身のバランスが崩れる原因となる

ココに注目

頭を上下させると動きがロスする

ヒザドリブルで動くときに頭を上下させてしまうと無駄な動きとなる。頭の位置をキープすることがポイントだ

SKILL 04

フトコロを広くするダブルタッチ

絶対にボールを奪われないボールの持ち方を習得しよう

ボールをタッチした足を
さらに一歩横に踏み出す

自分の足幅を半歩分広くできる

ダブルタッチは左右の足でボールをタッチして相手をかわしたり横に移動したりできるボールタッチです。ボールをしっかりフトコロに置き、フトコロを広くした状態でプレーできるようになりましょう。

　ポイントは、ボールを触った足をすぐに地面に着くのではなく、一歩踏み出すこと。この一歩によって自分の足幅を半歩広くできて、両足の真ん中でボールを扱えるようになります。

動画をチェック！

前足に重心を残して
ボールを止める足は
脱力しよう！

一歩踏み出す

ココに注目

一歩踏み出さないと フトコロは広がらない

ボールを止めた後に一歩踏み出さないとフトコロは広がらない。試合では相手にボールを取られやすくなる

SKILL 05

横幅を出せるスキル足裏ロール

ドリブルで相手を横に大きくかわしていくときに使える必見の練習法

直横に大きく
幅広くをイメージして
ボールを運んでいこう！

実戦で使える足裏ドリブル

足裏ロールはとても実戦的なスキルです。1対1で相手をかわす場面では、相手の足から逃げるようにボールを運びますが、足裏ロールは横幅を広く使えるので、身につけておいても損はありません。それよりも、突破の確率にも影響すると言っても間違いではないでしょう。

足裏ロールの習得には、実戦を経験する前に練習することをおすすめします。ここでは、いくつかの方法をお届けします。

動画をチェック！

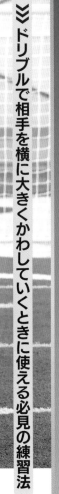

四角形を描くように幅広く足裏ロールで進む

四角形を描くようにボールを動かす練習法。利き足だけでなく逆足もチャレンジしよう

ココに注目

斜めではなく真横にボールを転がす

ボールを斜め前に転がしてしまうと横幅を広くとるのが難しくなる。試合で相手の足が届かないところに転がすイメージを持とう

足裏ロールボールタッチドリル

足裏ロールストップ

ボールをロールした後、足を振り上げてからストップする。キックフェイントを入れながらリアルさを出していこう

幅広くロール

より実戦的な足裏ロール。足を振り上げてから下ろしながら足裏ロールする。慣れてきたら動作を大きくしよう

ロール・アウト・ロール

アウトサイドでタッチしてボールを外に送ってから足裏ロールする。ロールの前にワンタッチを加え、ボールを動きをジグザグにする。体を大きく使ってシュートモーションを入れながら行おう。利き足だけでなく逆足もチャレンジ

足裏ロールボールタッチドリル

ロール・シザース

ロールをしてその足をそのまま前に持っていきまたぐようにする。このとき、ロールした足をしっかり1歩目にできるようにするのがポイントだ。踏み込むときは体重をしっかり乗せて重心を移すことで、次への動作がスムーズになる

ロール・イン・シザース

ボールをロールした後に、逆足で内側にボールをまたいでいく。またいだ足にしっかり重心を乗せて、その足が1歩目になるようにする。重心を乗せることで体のバランスをとることにつながる

SKILL 06

コントロールミスを減らすケンケンタッチ

ミスするのはバランスの悪さが原因。良い状態でボールを扱えるようになろう

動画をチェック！

足裏でボールを転がし
自分の体を寄せていく
ボールが離れている

軸足をボールの近くに持っていく

ミスが多くなる原因の1つに、プレー中のバランスの悪さが考えられます。じつは、自分の体のバランスを保つように意識するだけで、プレーのミスはだいぶ軽減できます。

ボールを扱うときにバランスを崩してしまうのは、軸足とボールが離れてしまうからです。ですので、軸足をボールの近くに持っていき「体を寄せてからボールを扱うことを意識する」この感覚を養いましょう。

軸足をボールの近くに運び
体を寄せていく!
軸足を寄せる

ココに注目

足だけを伸ばすと リスクが高くなる

離れたボールに対して足だけを伸ばしすと体勢は崩れてしまう。足だけではミスのリスクは高まるばかりだ

NG

SKILL 07

絶対奪われないいもむしドリブル

周りを見ながらドリブルするためにはボールの持ち方がカギになる

1
片足タッチで横移動する
タッチするのは後ろ足だけ！

4
スタンスを広く保つ

前足に体重を乗せてタッチの足はリラックス

プレーするときは目の前の相手だけではなく、周りを見ながらドリブルする必要があります。視野を確保するためには顔を上げてボールは間接視野で見るようになります。その状態を作るための練習法がこれです。

横に移動しながらドリブルしますが、ボールをフトコロから出さないように。前足を先に動かし後ろ足だけでボールをタッチします。スタンスを広く保つように意識しましょう。

動画をチェック！

2
3
前足重心で
先に動かす

5
タッチする
足は脱力
6
前足を先に動かし
スタンスを戻す
イメージ！

ココに注目

両足で触るなど 余分なタッチはしない

無駄なタッチをすると試合で相手のリアクションに対応できない。両足ではなく片足で運ぶように練習しよう

NG

SKILL 08

毎日練習ボールタッチルーティーン

動画をチェック！

今日の調子はどうだろうか？　体の使い方や連動性を確認できる

試合のイメージを持ち
イン・アウトタッチ
イン

シンプルなタッチで体の調子を見る

　ドリブルの練習はスキルの向上だけでなく、自分の体の調子を見るためにも使えます。練習や試合前にボールタッチルーティーンを行い、自分の体がどのように動いているかを確認しましょう。

　練習するドリブルの種類はシンプルなものにします。複雑だとタッチに意識がいきすぎてしまうからです。必ず試合のイメージを持ってドリブルするように心がけましょう。

上半身と下半身が
連動しているかを
チェック！
アウト

ココに注目

手の動きや重心、力んでいないかを確認

練習するときは手の動きや重心移動を確認。また、肩に力が入っていないなど、脱力できているかを見ておこう

アウト・アウトタッチ

アウトだけを使ってタッチする。左、右、左、右と交互に変えていく。ボールに真ん中に立つ時間を減らし、横にズレたところから一気にボールを越えていくように動いていこう。こうすることでキレのある動きになる。手と体の連動なども確認する

フリーシザース

ボールを前に運び出して外、内にシザースをする。体の使い方がより難しい練習だが、ボールを触らずにステップで重心移動を実感するのにおすすめの練習になる。自分の体を色々な方向に動かし、頭の位置や目線なども意識しながら行いたい

COLUMN

もっと上手くなる!

見るべきは目の前の相手だけでOK?

1対1をするとき目の前の相手だけを見ておけばいいのでしょうか? 「目の前の相手に集中するから周りのことは考えなくていい!」と思いがちですが、その考えはとてももったいないことです。味方や周りを上手く活用、つまりオトリに使えば相手を抜くことだって簡単です。例えば、味方が横にいたとして、その味方のことを気にしながらプレーをしたら相手はどう思うでしょうか。ドリブル突破だけでなくパスの選択肢も生まれるので、意識が散らばることになるでしょう。もし、目線や体の向きを使って横にいる味方へパスをするような仕草を見せれば、相手はそこをケアするため、逆方向を抜くことは簡単になります。本書で紹介しているようなドリブルスキルを使わずにかわすことができるのです。周りを見ながら意識を持つだけで余裕を持ってドリブルができます。この状況を普段の練習からイメージすることで、駆け引き上手な選手になれるのです。

3

試合で使える
ドリブルテクニック

自分の得意なドリブルを作ることは大事ですが、試合で使えなければ宝の持ち腐れです。状況によってはドリブルの選択を変える必要があります。すべては試合で勝つため、ゴールを決めるために何がベストなのか。この章では実戦で使えるテクニックを紹介します。

SKILL 01

歩数が少なくできる足裏ターン

≫ 足裏ターンとインサイドターンのメリットを知ろう

インサイドターンの動き

インサイドターンはターンした足に重心が乗るので次へのプレーが遅くなる懸念がある。インサイドの場合は、ボールを弾くように動かすターンがポイントだ

重心が崩れやすいので注意
ボールを弾く

動画をチェック!

足裏ターンの動き

足裏ターンは体の重心移動がしやすくなるのが特徴だ。ステップの歩数も少なくできるので次のプレーがスムーズになる

足裏ターンのほうが重心移動がしやすい

切り返しをターンといいますが、ターンにはインサイドや足裏を使うことが多いです。サッカー選手がよく使うのはインサイドターンですが、状況によっては足裏を使うことをおすすめします。足裏のメリットは、ターン後のステップの歩数を少なくできることと、重心移動や体のバランスをとりやすくできることにあります。次のプレーにスムーズに移行するためにも足裏ターンを習得しましょう。

触った足を軸足にできる
ココがPOINT!

SKILL 02

球際でも怖くないニアフットタッチ

体がデカい強敵に対しても突破できるドリブル

DFにフィジカル勝負
させないドリブルスキル

相手が体とボール目がけて向かってくる。近いほうの足で常にボールを触れる体勢にしておこう

相手に近いほうの足でタッチする

「フィジカルモンスターに真っ向勝負しても敵わない！」と思っている方は必見のテクニックです。ニアフットタッチを習得できれば球際で相手と接触しないで突破することができます。

ポイントは、相手から近いほうの足でボールを触り、相手が体を寄せて圧力をかけてきた瞬間にボールを押し出していくこと。遠いほうの足でボールを扱うと抜くときの一歩が出なくなるので注意しましょう。

動画をチェック！

相手との接触を
避けるように
近いほうの足でタッチ！
ココがPOINT!

STEP UP

ボールをさらすようにドリブル

ボールをさらすような持ち方をすれば相手は簡単に取れると思うはず。相手が来た瞬間に遠い足で踏み込んで突破していこう

SKILL 03

180度方向転換するワンエイティ

ディフェンスを横に揺さぶってかわす突破スキル

1
つま先の向きを変化させる

4
つま先の向き
ココがPOINT!

体を方向転換させてボールをキャッチ

大きく横に揺さぶって抜く

足の速さもフィジカルも使わずにディフェンスをかわすには、横への揺さぶりが効果的です。ここで紹介する「ワンエイティ」はつま先の向きの変化をフェイントにするテクニックです。

ボールを引いた瞬間にカカトをお尻につけるようにしてボールを後方に送ります。その後、体を方向転換させてボールをキャッチします。ボールの動きと体の動き。時間差を作ることがこのスキルのポイントです。

動画をチェック!

2
つま先の向き

ボールを後方に転がして相手を誘う
3

ボールを大きな幅で動かせば相手を騙せる
5

6

ココに注目

ボールを送ってから体を方向転換

ボールが先で自分は後。このタイミングがポイント。ボールと同時に足を持っていくと相手の心理は揺さぶれない

SKILL 04

弾みながら突破バウンドアウトプッシュ

1タッチで一瞬で縦突破できるテクニック

ボールを先に押し出してから軸足の反発を使って抜く

弾みながらボールを押し出すイメージ。アウトサイドでボールを先に押し出していく

動画をチェック！

DFのタイミングをズラしてかわす

縦に突破する場面でおすすめのスキルがバウンドアウトプッシュです。1対1で止まっている状態でも、ドリブルで運んでいる状態でも使えます。

ポイントは軸足の抜き方です。軸足となる後ろ足を地面の反発を使って前に飛び出していきます。タイミングとしては、ボールを触るほうの足を上げながら後ろ足を地面に着くイメージ。これが相手のタイミングをズラすことにもつながります。

足を「棒」のように使うために
後ろ足を伸ばしていく！
ココがPOINT!

ボールを出したら、軸足を地面に着きその反発を使って飛び出していく

ココに注目

ヒザを伸ばし地面の反発を使う

ヒザを曲げずに伸ばした状態にすることが、地面の反発を使えるポイント。脚力は使わずに地面の反発を意識しよう

SKILL 05

鋭く深く切り返すインサイドフック

深い切り返しでも良い体勢を保てるテクニック

つま先とヒザを自分に向けてから切り返す
ココがPOINT!

動画をチェック！

通常の切り返しより深い切り返し

ディフェンスをかわすための切り返しの中でもインサイドを使う切り返しはよく使います。相手を完璧に抜くのであるなら、深く鋭角な切り返しができるようになりましょう。通常の切り返しは、足のつま先が正面を向くくらいの角度ですが、インサイドフックはヒザとつま先が自分のほうに向ける形にします。ボールの向こう側を蹴れば、相手が想像していない場所に切り返すことができます。

相手に奪われない深い切り返し

深い切り返しをするときは、軸足のつま先も切り返す方向に向けると良い

ココに注目

自分の真後ろに切り返すイメージ

ボールを出す方向は、自分の真後ろになるくらいを目安に。角度が深ければ深いほど相手に奪われる確率も低くなる

SKILL 06

タイミングをズラせるスイッチカット

両足を使いながらステップワークで突破する

ボールを止めることで相手が寄ってくる

逆足にスイッチしてすかさず突破していく

両足をスイッチさせタイミングをズラす

相手のタイミングをズラすために両足をスイッチさせながら突破していくドリブルです。ボールを持っている足で踏み、落としてから逆足に持ち替えて相手のタイミングをズラします。このワザは、相手を食いつかせることがポイントです。ボールをさらして止めたときに相手が食いつくので、そこから一気にスイッチします。自分からアクションを仕掛けられるスキルをぜひ身につけましょう。

動画をチェック！

1
自分から寄り相手が
食いついた瞬間にスイッチ

2
足裏でストップ

4
ボールを踏んだら落とすイメージ

5
ココがPOINT!
最初の足が地面に着くのと同時に、逆足でボールを運び出すというタイミング

ココに注目

相手が足を出した瞬間に抜き去る

足裏でボールを踏んだら相手が足を出してくる。そのタイミングで逆足にスイッチして一気に突破をはかろう

相手の重心や意識を操るシザース突破

ボールをフトコロから出せば相手が食いついてくる

ボールを外に運び出すことで相手が食いつく

シザース後に深く切り返すことで足に引っかからずに抜ける

ドリブルコースを作ってからシザース

シザースは抜くためのコースを自ら作り出すことがポイントです。自分の行きたい方向とは逆にボールを運び、シザースをしてから切り返す。最初のタッチが相手を食いつかせるキッカケになります。そのタッチでフトコロから外にボールを出すと、相手の意識はボールに対して強くなります。そこにシザースを加えることで完全に食いつくというわけです。ここで切り返せば突破は確実に成功します。

動画をチェック！

相手を食いつかせてからシザース

抜く方向とは逆方向にボールを運び出す

シザースを加えると、相手はもっと食いつく

ココに注目

運び出す角度を鋭角にする

ボールを鋭角に運び出すのは難しい。ただ、このシザースは鋭い切り返しがポイントになるのでしっかり練習しておこう

SKILL 08

軸足裏通しの切り返しチョップ

ゴール前でシュートフェイントに使える切り返し

3 ボールを上から叩くようなイメージで足を動かす

6 鋭く切り返せるのでシュートフェイントとして効果的に使える

スピードに乗った状態で切り返せる

スピードに乗ったドリブルから急激な切り返しをするチョップは、スピードの緩急をつけるのにとても有効なテクニックです。そのため、シュートシーンでのフェイントで効果を発揮します。ぎりぎりまでシュートを打つように思わせ、フリップタッチから軸足の後ろを通していきます。ポイントはボールをしっかりと弾いて細かく速くキレを出すこと。動作は大きくせず小さくします。

動画をチェック!

アウトタッチの後にチョップで切り返す

切り返す方向とは
逆方向にアウトで
ボールを運び出す

ボールを弾きながら
軸足の後ろを通す

ココに注目

ヒザと股関節を使いキレを出す

股関節を閉じながらヒザを内側に入れてボールを弾く。足全体で振り下ろすと動作が大きくなるので注意しよう

SKILL 09

タッチを変えズラして抜くシルビオ

ボールタッチの急な変化で相手のタイミングを狂わせる

インサイドタッチからアウトに切り替えて突破

インサイドでボールタッチ。抜きたい方向とは逆方向にボールを運ぶのも良い手だ

右足のインサイドでタッチするギリギリまで足を残しておく

抜く直前にボールを触らず外に抜く

ディフェンスにいつ抜くのか悟らせない、どちらに行くのか分からせないのがシルビオ最大のメリットです。インサイドでボールをタッチしている状況から、抜きに行く瞬間にアウトに持ち替えて突破していきます。同じモーションで右にも左にも行けるのも特徴の1つです。

ポイントはボールを触るギリギリまで足を残しておくことです。この足の動作がスムーズにできるよう練習しましょう。

動画をチェック！

アウトに足を切り替え
外に抜いていく！
ココがPOINT!

ココに注目

突破方向とは逆に意識を持つ

突破したい方向とは逆方向に向けてボールを運べば、相手の意識が縦方向に限定される。意識や重心を逆に持っていこう

突破方向

SKILL 10

パスフェイクで使えるパラレラドリブル

試合の中でとても効果的に使えるドリブルスキル

相手にパスをしたと思わせてから縦突破

縦にパスを出しているようなイメージを持つ。遠くに飛ばすために、ボールに対しての足の接地時間を長くしよう

ボールを出してから後を追うイメージ

パラレラはフットサルで使われるパスのテクニックです。味方や相手がいる試合ではとても有効なスキルとなります。アウトサイドでタッチラインに対して平行にボールを出しますが、相手にパスをしたんだなと思わせることができます。ここがこのテクニックのポイントです。ですので、ボールを出して後からそのボールを追いかけることで、相手を騙して突破ができるテクニックとなります。

動画をチェック!

ボールを追いかけるように動いていく！

ボールを出した後、一拍おいてからボールに向かうイメージ

ココに注目

ヒザを伸ばして股関節で足を上げる

遠くへボールを飛ばすためにもヒザを伸ばして股関節を外側に開いて足を上げるようにする。最初はボールなしで練習しよう

SKILL 11

リズミカルにテンポ良くソールインタッチ

動画をチェック！

相手を抜き去るのではなく「かわせる」スキル

足裏でボールを引いてからインサイドで押し出す
1

4
トン！
ココがPOINT!

トン！トン！とリズミカルに、ビハインドタッチでボールの角度を変える

トン！トン！というリズムでタッチする

縦に突破をするというよりは、相手のプレッシャーを回避するような場面でソールインタッチが使えます。足裏でボールを引いた後に、逆方向にインサイドで押し出していきます。トン！トン！のリズムでテンポ良くボールタッチしていくのがポイントになります。このスキルは体を常に前向きに保つことができるので、周りの状況を見つつ次のプレーの判断ができるというメリットがあります。

2
相手からボールを遠ざけるように足裏で運び出す
トン!

3

5
コンパクトな動きで効果的に相手をかわせる

6

ココに注目

引いた瞬間に軸足を上げる

ボールを引いた瞬間に軸足を上げれば、軸足が自由になるため足の切り替えがスムーズに行く。細かい動作が必要になる

SKILL 12

相手を驚かせ動きを止めるねこだまし

》相撲の立ち会いで手を叩き動きを止める動作にちなんだワザ

動画をチェック！

軸足にボールを当ててからインサイドで角度を変える
1

相手が止まった状態。まずはボールを足裏で止める

4

ボールを運び出したコースに逆の足を下ろすだけ

相手に向かってボールを運び出す

ディフェンスが止まった状態か後ろ重心のときに、相手の意表を突くためにこの「ねこだまし」は有効です。ボールを足裏で止めてから軸足に当て、相手に向かってボールを運び出します。ボールを運び出した瞬間に、足を振り下ろしてコースを変えていきます。このスキルは足だけで行おうとするとボールがついてきません。腰から移動するように重心を動かし、足は自然についてくるイメージです。

2
ココがPOINT!
重心を移動させるようにして、軸足をボールに当てにいく

3

5

6

振り下ろした足のインサイドでボールの角度を変えてかわしていく

ココに注目

重心を移動し軸足に当てる

足でボールを引いて軸足に当てるのではなく、自分の体を移動させて重心移動することで軸足で押し出すようにする

SKILL 13

タイミングだけでかわす軸足タッチ

トップスピードでもスピードを緩めることなく抜ける

まっすぐ走りながら少しだけコースを変える

スピードに乗った状態でディフェンスに向かっていく

相手が前に重心をかけた瞬間にボールのコースを変える

ボールを先に出し自分は後追い

ディフェンスに対して向かっていく場面。相手が積極的に守備をしようとボールを奪いに足を出してくる。この状況でタイミングが合えば簡単に相手をかわせるスキルが軸足タッチです。フェイントや横への揺さぶりもなしで、まっすぐドリブルしながら少しだけコースを変えるだけ。相手が足を出す直前にボールを出して、自分が後から追いつくようにタイミングをズラすのがポイントです。

動画をチェック!

ボールを運び出してから後から追いかけよう!

ココに注目

相手が前のめりのときに効果的

相手が前のめりになっているときに有効。相手が足を出してくる前にボールを出せば、タイミングが半歩分ズレて簡単に抜ける

SKILL 14

絶対食いつくノーモーションビハインドタッチ

ボールがフトコロにある状態から繰り出せるスキル

1
フトコロ内にボールを置いて軸足の後ろを通す

相手のプレッシャーが強くフトコロでボールを持っている状況

4
ココがPOINT!

出したボールに相手が食いついてくる。逆足の裏でボールを止めて方向転換

相手との距離が近いときに有効

26ページではボールを引いてから軸足の後ろをVの字に通すビハインドタッチを紹介しました。このビハインドタッチはボールを引く動作を省いて2タッチで行うスキルです。使い分けとしては、相手のプレッシャーなどによるボールの持ち方によります。相手との距離が近いとボールが足下に入りがちです。そんなときワンタッチでフトコロの外に出し、相手を食いつかせてから方向転換します。

動画をチェック!

2
インサイドでボールを軸足の裏を通す

3

5
相手が食いついたら後は逆方向にかわせる

6

ココに注目

動いている状態で使うのが効果的

ボールを動かしている状態など自分が動いているときに使うと効果的。相手の様子を見ながらワザを繰り出していく

SKILL 15

ターンで使えるロールアウトストップ

ボールを弾いて素早くターンにつなげる

ボールをロールしてから素早く方向転換
1

ボールの真上から足裏でロールしていく。大きな動作を心がける

4

着地した足のつま先を正面を向けてキープするイメージ

ロールから弾くまでのスピードを速くする

サイドでの1対1や、パスのフリをしてターンする場面で使えるロールアウトストップ。ボールを足裏で転がしてからアウトで止めていきます。ポイントはロールからボールを弾くまでのスピードを速くすること。そのためには、ボールと足の接地時間を短くするためにアウトサイド気味に足を入れてボールを転がしていきます。足裏の内側で入りはしますが、すぐに足裏の外に流すイメージです。

動画をチェック！

2

3
ロールしてから
アウトでボール
を弾くまでの速
度を速くする
ココがPOINT!

5
重心移動して方
向転換し相手をか
わしていく

6

ココに注目

アウトサイド気味にボールにコンタクト

足の切り替えを速くするために、アウト気味にコンタクトする。ヒザを曲げた状態からヒザを伸ばすイメージで練習しよう

SKILL 16

相手が奪いにきたタイミングで足裏股抜き

動画をチェック！

ピンチをチャンスに変えられる足裏股抜き

自分からボールを離して股抜きのコースを作る

軸足に体重を乗せて、ボールを扱う足は体から離すようにする

相手が足を出してきたら開いた股を狙って、カカトを少し回すようにしてボールを転がす

足裏でボールを踏み軸足に重心をかける

股抜きは相手がボールを奪いにきた瞬間がチャンスです。相手が足を出してくるので股が開きやすくなり無防備な状態となります。そこを狙います。20ページの股抜きは自分の内側からボールを通しますが、ここでは外側を通す足裏股抜きを紹介します。足裏でボールを踏んで軸足に重心をかけていきます。ボールを扱う足に体重をかけずにフリーにできるようにしておくことが大切です。

ボールをさらして
相手を誘うのが重要!

ココに注目

カカトをボールを通すコースに合わせる

足裏でボールを踏んだ状態から足首をひねってカカトの方向にボールを通す。ボールを扱う足に重心をかけないのが大事

SKILL 17

トリッキーだけど実用的！ラボーナターン

足をクロスした形で蹴るラボーナを使ったターンスキル

動画をチェック！

軸足の後ろを通してボールを蹴り方向転換
1
ボールを外にタッチして左へ持ち出していく

4
ボールをアウトサイドに引っ掛けるようにしてターンをする

ターンで重心が流れず良い状態が作れる

相手を惑わすパスに使うラボーナをターンに応用したスキル。ラボーナでボールを蹴るように見せ、アウトでボールを自分側に引き寄せます。無理をしている動作に見えますが、ターンをした後に重心が外に流れないのでとても実用的です。成功させるには軸足の置き場所が大事。通常のラボーナではボールの真横に踏み込みますが、少し前に置いてボールが進むコースを作ってあげましょう。

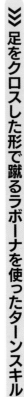

2
軸足をボールの少し前に踏み込んでラボーナの形を作る
ココがPOINT!

3

5
ラボーナ後に軸足を抜けばステップの数を減らせる

6

ココに注目

ボールの向こう側(奥)を蹴る

ラボーナターンで切り返すためには、ボールの向こう側(奥)でタッチする必要がある。軸足の位置をズラすとやりやすい

SKILL 18

絶対かわせるテクニック 軸ずらし

ボールを奪われない持ち方を習得しよう

相手が向かってきたら右足とは反対の左側のエリアにボールを運ぶ

幅広くボールを動かせばかわせる

動画をチェック!

フトコロの外でボールをさらす

ディフェンスがボールが取りづらいなと思うのはどんな選手でしょうか。逆に「取れる!」と思える選手の特徴とは何だと思いますか。それは、ボールの持ち方で決まります。守備をしやすいのはフトコロで持つ選手。体とボールにアタックしやすくなります。守備がしづらいのは、体からボールを離して持っている選手。フトコロの外で持ち、どこにでもかわせる余裕を持ってるのが特徴的です。

フトコロから外でボールを持ちボールをさらす

ヒザを伸ばして
足の指先でボールを持つ!
ココがPOINT!

体の軸から外にボールを出し、遠くで持つようにする。重心は軸足に乗せ、ボールに対しては体重を乗せずにフリーにする

ココに注目

ヒザを曲げるとプレスを受けやすい

フトコロ内でヒザを曲げてキープするとプレスを受けやすい。ボールが足下にあるので目線も下がってしまうので注意しよう

NG

SKILL 19

重心移動で突破クロスジャブステップ

動画をチェック！

ボールを動かしてからジャブステップを入れる時間差ドリブル

ボールを押し出してから
ジャブステップを踏む

重心を乗せる動作だけでボールを縦に押し出していく。ボールを蹴らないように気をつける

相手のタイミングをずらせるスキル

18ページで紹介したジャブステップの応用となるドリブルスキルです。ボールを押し出してから逆にステップを踏んでかわしていきます。ポイントは、ボールを蹴るのではなく押し出す意識にすること。キックモーションにならないよう、足を動かさず体重移動を用いてボールを押し出していきます。そのままジャブステップを踏んで、相手のタイミングをズラしてから突破していくテクニックです。

ジャブステップで
相手を牽制する！
ココがPOINT！

先に出たボールを
追いかけるように
相手をかわしていく

ココに注目

ボールを蹴らず体重を乗せるだけ

ボールを蹴らず体重を乗せるだけ。足を動かさずにヒザも前に出さない。フトコロの中でボールを動かすイメージだ

SKILL 20

ワンテンポ遅らせるプルスイング

プルプッシュのタイミングが

1
プルプッシュから
ワンテンポ遅らせる

プルプッシュのようにボールを引きながら一歩下がる

4

前足を空振りするようにしてテンポを変える

ボールを引き空振りしてから運び出す

プルスイングは、10ページで紹介しているプルプッシュの応用スキルです。プルプッシュと同じくボールを引き、持ち出さずに空振りしてから逆足で運び出します。もし、プルプッシュをしようとして動きが読まれたときに、ワンテンポ遅らせるプルスイングを使うことで相手を抜くことができます。ポイントは軸足の反発を使うこと。そして、空振り動作となるスイングステップを練習しましょう。

動画をチェック！

ボールは出さない。
軸足を伸ばして地面
からの反発を受ける
3
ココがPOINT!
2

6
5
軸足だった足でボ
ールを押し出してタ
イミングをズラす

ココに注目

軸足を骨盤の外に出して反発を受ける

反発を受けるためには軸足を骨盤の外に出すように。ヒザを伸ばして足を「棒」のようにすることがポイントだ

SKILL 21

コースを作り意表を突くセルフボレー

シュートコースがないときは空間を使えばOK

斜め前にVの字を描くようにボールを浮かせる

良い位置にボールを浮かせば虚を突いてシュートを狙える

ボレーのための空間を自ら作る

ゴール前でディフェンスが目の前にいる。シュートを打ちたいがコースを塞がれている場面。ボールを浮かせて相手の横の空間を使えばゴールを狙うことは可能です。自らボールを上げるセルフボレーは、相手の意表を突くことにもつながります。

ポイントは、ボールを上げる際にVの字に動かしていくこと。相手の足が届かない高さにボールを上げます。一連の動作はスピーディーに行いましょう。

動画をチェック！

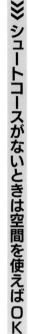

1
Vの字を描くように
ボールを動かし上げる
斜め前からボール
を引いてくる

2

4
上げた足をそのま
ま一歩目にする

5
ディフェンスの足
が届かない空間を
狙う

ココに注目

ボールを引いてから浮かすまでを速く

大事なのはボールを引いてから上げるまでの動作を速くすること。相手が何をしたのか分からないくらいが望ましい

相手にスキを見せることもテクニック

このあとのPART4で解説しているISHIZEKI理論の身体操作の中では、軸を保ってバランスを取る重要さを解説しています。じつは、バランスを「わざと崩していく」ことで動作心理につなげていくことができます。1対1の場面で相手と対峙したときに、スキのない良い姿勢でいると相手はボールを奪いに飛び込んでくるなどの、守備のアクションがしづらくなります。何か仕掛けてくるのではないかと構えてしまうのです。こう構えられると、かえって突破が難しくなります。そこで、わざと目線を下げたり、体勢を不安定にします。そして、ボールをさらすことで相手が食いつく状況を作り出すのです。すべてのプレーに崩す操作をする必要はありませんが、これらをコントロールできるようになれば1対1で優位な状況を作れます。ただし、身体操作を自在にできることが大前提のプレーだということは忘れずに。

4

ボールを使わずに上達！

ISHIZEKI理論

ドリブルが短期間で上達できるように「ISHIZEKI理論」を考えました。自分の経験から重要なのはボール操作ではなく身体操作だと気づき、これを多くの選手に実践させたところ高い効果がありました。ここでは、とくに実践してもらいたい理論を紹介します。

ISHIZEKI
理論
01

ボールタッチは身体操作と考える

≫上手な選手と下手な選手の違いがここにある。操るのはボール? それとも……

ボールを触りながら
体がどう動いている
のかを知ろう!

NG

ボールを扱う意識はミスの原因だ

上手にドリブルができない人の多くが、ボールに対して自分の体を合わせにいってしまう意識を持っていることだ

体に対してボールを合わせていく

ドリブルなどのテクニックを身につけるためには、たくさんボールを触って練習を積み重ねていくことが大切です。しかし、何度となく練習しているのにも関わらず、なかなか上手くならないと悩んでいる方もいると思います。この上手くならない要因とは、じつは「コツ」を知らないことなのです。

ボールタッチとは、ボールを操ることがコツだと思いがちですが、重要なのは身体操作です。自分の思い通りに体を動かして、それにボールが付いてくるイメージなのです。

ミスをしているときというのは、ボールの扱い以上に体のバランスが悪かったり良い姿勢になっていないことで起こります。まずは、自分の体がどう動いているのか、正しく動けているのかに注目をしてもらいたいと思います。

そこでこの章では、サッカーにおける身体操作のポイントである「ISHIZEKI理論」を一部紹介していきます。

ボールタッチトレーニングのポイント

インサイドタップ

両足のインサイドで交互にボールタッチ。テンポ良くタッチしながら行おう

POINT

- ☑ ボールに意識を持っていかれない
- ☑ 自分の体がどう動いているかを意識する
- ☑ 無理な体勢でボールを触らない
- ☑ 片足立ちからその場で左右の足を入れ替える
- ☑ ボールがズレたら体を移動させる

足裏タップ

足裏でボールを踏むように交互にタッチ。その場で足を上げていきリズミカルに行う

POINT

- ☑ ボールに意識を持っていかれない
- ☑ 自分の体がどう動いているかを意識する
- ☑ 無理な体勢でボールを触らない
- ☑ その場で足踏みする
- ☑ 足を上げるときに頭が左右にブレないようにする

ISHIZEKI理論 02

身体操作のカギ! 棒バネ理論とは?

体を棒にする状況とバネにする状況を使い分けてプレーしよう

棒バネ理論が分かれば ドリブルのキレが 格段に増す！

棒は瞬発力 バネは最大出力

身体操作を身につける上で、ポイントとなる「棒バネ理論」を紹介します。棒バネ理論とは、体を棒にするのとバネにするのを使い分けるというものです。「棒」とは瞬発力を上げるために使い、「バネ」とは自分が持っている最大の力を出すために使います。棒とバネを使いこなすことで緩急のある動きになり、ドリブルで効果を発揮します。棒バネ理論の方法は、次ページから紹介していきます。

棒バネ理論の動作ポイント

速くジャンプするときは「棒」

速く動くために、脚を伸ばしながら飛ぶ。これが「棒」として使っている状態

その場で速くジャンプする。瞬発力を出すように小刻みにジャンプしていく

高くジャンプするときは「バネ」

最大の力で高くジャンプする。これが「バネ」として使っている状態

高くジャンプするときは、一度ヒザを曲げて力を溜めるようにするはずだ

ヒザを曲げてから
高くジャンプ！
SOCCER JUNKY

ココに注目

速い動きと遅い動きを場面で使い分ける

「棒」は速い動きができる。逆に「バネ」は大きな力を出せるが、動きは遅くなる。この2つを状況によって使い分ける

「棒」動作を意識させるトレーニング

足を踏み出してからスタート

腰幅で立ち、片足を一歩踏み出す。ヒザを曲げないように

片足立ちジャンプからスタート

片足立ちになる。腰幅の外側で着地するようにジャンプする

「棒」の動作を理解するトレーニング。足を踏み出し、着地でヒザをしっかり伸ばし、エネルギーを体に伝えてからスタート。地面を蹴るようなイメージだ

3
着地でしっかりとヒザを伸ばす。地面からの反発を感じよう
ヒザを伸ばす
4
地面を蹴るように移動。重心移動はあまり意識しないようにする

より地面からの反発を受けて速く飛び出せるようになるトレーニング。ジャンプを入れることで「棒」の意識を強く出すことができる

3
ヒザを伸ばす
4
ヒザをしっかり伸ばして、地面からの反発を受けて飛び出していく

ISHIZEKI 理論
03

プレーの安定を生むコンパス理論とは?

軸を作ったうえでコンパスのように足で円を描いていく

ココに注目

軸の安定が様々なボールタッチを生む

上手い選手はバランスが崩れても安定させている部分があるためミスが少ない。軸の安定がたくさんのスキルを生む

軸足で軸を作ったら逆足はフリーにする

身体操作が自在にできれば、プレーが安定します。それは安定して動くことにつながります。そのためには体に軸を作り、その中で動かせる部分（ボールを扱う足など）を作っていきます。つまり、コンパスのような形で軸を作り、動かせる部分は円を描けるくらいにフリーにさせるのです。様々なドリブルやボールタッチを生むためには軸の安定が欠かせないことを知っておきましょう。

ISHIZEKI
理論
04

パワーポジションを意識して身体操作

バランスの良い状態を作るためのキーは重心。重心を操るためのポジションとは？

最大出力を出せる姿勢は3つの重心がポイント

立っている姿勢というのは力を使わずにいられる状態。3つの重心が縦に並んでいる状態。積み木のように重なっているので安定している

上半身の重心

胸骨の真ん中あたりのみぞおち付近。ここを動かそうとすれば、上半身だけを動かすことができる

全身の重心

おへそ付近にある丹田

下半身の重心

太もも（大腿骨）の真ん中。均等に体重をかけて立っていれば、左右の足の真ん中くらい

スピードに乗ることで大きく動ける

コンパス理論での軸作りで重要になるのが体勢です。それをパワーポジションといいます。パワーポジションとは、バネの状態で、最大の力を出しやすい姿勢のことですが、この姿勢を意識していくと体の安定につながります。ポイントは重心です。体の重心を3つ（上写真）に分けて考えるのですが、動作時にこの中の2つの重心を合わせていくことでパワーと安定を生むことができます。

上半身と下半身の重心を合わせたポジション

パワーポジションはバネの状態の体勢で作る。上半身と下半身の2つの重心を合わせた姿勢だ。下半身の重心に上半身の重心を落とし込んでいくイメージだ

ココに注目

重心が前後に動くとバランスが悪くなる

上半身と下半身の重心が前後にズレてしまうと体は安定しない。この姿勢でプレーをしてもボールは上手く扱えない

ISHIZEKI理論
05

足をコンパスのように円を描いて動かす

≫ ボールを扱うときの基本ポジションを知ろう

ヒザを曲げずに遠くで円を描く

軸をキープしたままボールを扱う足をコンパスのように動かす

軸をしっかり作りバランスをとる

118ページで解説したパワーポジションの姿勢をコンパス理論に落とし込んでいきます。

コンパス理論は、軸を作り逆足を動かしていくため片足立ちになります。下半身の重心は軸足の太ももになるので、その上に上半身の重心を乗せていきます。この状態で足をコンパスのように円を描いていきます。ヒザを曲げずに遠くをなぞるように円を描き、慣れてきたらボールを扱って行いましょう。

重心を下げることでフトコロが深くなる！

ヒザを曲げず体の遠くで円を描く

軸足となる下半身の重心の上に上半身の重心を乗せていく

ココに注目

軸を作り重心を合わせば安定する

軸を作って2つの重心を合わせればバランスはとれる。上半身の重心が崩れると軸がなくなるので不安定になる

NG

OK

ISHIZEKI 理論 06

絶対ボールを奪われない置きどころ

ボールを奪われてしまう人の共通点。それはボールの置きどころだ

足にボールが付いている
くらいの位置に置く!

ボールを利き足側に寄せるだけでOK

ボールの置きどころは多くの人が勘違いしています。通常ボールを持ったときにイメージされるのがフトコロでボールを持つこと。自分の体の近くに置けばボールを取られないと思っているからです。しかし、フトコロというのはボールを自由に動かせる位置ではありません。正しくは前後左右どこにでも動けるニュートラルの場所になります。それは、少し利き足側にボールを寄せた位置です。

ココに注目

フトコロの真ん中は奪われやすい

フトコロの真ん中にボールを置くと、ボールを扱うのに手間がかかる。利き足側に寄せるだけでプレーの質は高くなる

利き足側にボールを寄せるだけで、相手が足を出してボールを取ろうとしても、すぐに足を動かしボールを動かせる

ISHIZEKI 理論 07

前後左右に動ける位置でボールを持つ意識

ボールを自在に操れる自分にとってベストな持ち方を習得しよう

フトコロの外で持てば自在にボールを操れる

ボールを動かしやすい位置を探す

上の写真のようにディフェンスがボールを奪いにくる場面。ボールを利き足側に置きフトコロの外でボールを持てば、相手の動きに対して素早く反応できます。122ページで説明した通り、フトコロの真ん中でボールを持つと反応できたとしてもボールを動かす時間がなく、相手にボールを触られてしまうでしょう。このときに足裏を効果的に使えば、自在に動けてかわすことができるのです。

軸をしっかり作ればボールを持つ足は自由自在になる。自分の意思でボールを操れるようになれば、そう簡単にボールを奪われることはなくなる

ココに注目

体の真ん中は相手の餌食になる

ボールを体の真ん中に置くとディフェンスは奪いやすいと感じる。片足に「寄せる」意識でプレーするように心がけよう

監修

石関 聖（いしぜき　さとし）

1986年11月5日生まれ、群馬県出身

高校時代は前橋商業のキャプテンとしてチームを牽引。大学在学中にフットサルの道へ。Chinaフットサルリーグ日本人初プロ契約選手として活躍後、日本に帰国。Fリーグのデウソン神戸やバサジィ大分、ボアルース長野で活躍した。ボアルース長野では、中心選手としてF2リーグ優勝、F2リーグ初代MVPを受賞。現在は、指導者として活動し、大人気YouTubeチャンネル「石関聖のサッカーに生きるフットサル思考」を定期的に配信している。

YouTube

石関聖のサッカーに生きるフットサル思考

個人レッスンやグループレッスンなど、ご要望ごとにレッスンをしています。指導をご希望の方は、こちらからアクセスしてください!

https://lin.ee/6YF5YBj

撮影協力

TOPS FOOTBALL PARK

立川駅徒歩3分にあるフットサル場。ロングパイル人工芝でオールウェザー対応のコート。レンタルコートだけでなく、個人フットサル、個人スクールも開催している。

東京都立川市曙町2-11-2　フロム中武屋上
平　日 10:00〜23:00　土日祝 8:00〜23:00
TEL.042-512-8015
https://www.tops2020.jp

STAFF

●編集	株式会社多聞堂
●構成	城所大輔
●デザイン	三國創市
●撮影協力	天野憲仁(日本文芸社)

サッカーレベルアップ
～ジュニアが絶対《ぜったい》上達《じょうたつ》するプロのテクニック～

2021年6月10日　第1刷発行

監修者　石関　聖
発行者　吉田芳史
印刷所　株式会社　光邦
製本所　株式会社　光邦
発行所　株式会社　日本文芸社
〒135-0001 東京都江東区毛利2-10-18 OCMビル
TEL03-5638-1660　[代表]

内容に関する問い合わせは、小社ウェブサイト
お問い合わせフォームまでお願いいたします。
URL https://www.nihonbungeisha.co.jp/

Printed in Japan 112210520-112210520Ⓝ01 (210080)
ISBN978-4-537-21891-6

編集担当　岩田
乱丁・落丁本などの不良品がありましたら、小社製作部宛にお送りください。
送料小社負担にておとりかえいたします。